D1136178

Le cœur apprenti

Données de catalogage avant publication (Canada)

Finley, Guy
    Le cœur apprenti : leçons de vie que seul l'amour peut nous apprendre

    Traduit de l'anglais.

    1. Amour.   2. Vie - Philosophie.   3. Estime de soi.   4. Vie spirituelle.   I. Titre.

BF575.L8F5614   2003   152.4'1   C2002-941988-3

Pour en savoir davantage sur nos publications,
visitez notre site : **www.edhomme.com**
Autres sites à visiter : www.edjour.com •
www.edtypo.com • www.edvlb.com •
www.edhexagone.com • www.edutilis.com

Gouvernement du Québec – Programme de crédit
d'impôt pour l'édition de livres – Gestion SODEC.

L'Éditeur bénéficie du soutien de la Société de
développement des entreprises culturelles du
Québec pour son programme d'édition.

Nous reconnaissons l'aide financière du gouvernement du Canada par l'entremise du Programme
d'aide au développement de l'industrie de l'édition
(PADIÉ) pour nos activités d'édition.

Dépôt légal : 1er trimestre 2003
Bibliothèque nationale du Québec

ISBN 2-7619-1794-4

DISTRIBUTEURS EXCLUSIFS :

• Pour le Canada
  et les États-Unis :
  MESSAGERIES ADP*
  955, rue Amherst
  Montréal, Québec
  H2L 3K4
  Tél. : (514) 523-1182
  Télécopieur : (514) 939-0406
  * Filiale de Sogides ltée

• Pour la France et les autres pays :
  VIVENDI UNIVERSAL PUBLISHING SERVICES
  Immeuble Paryseine, 3, Allée de la Seine
  94854 Ivry Cedex
  Tél. : 01 49 59 11 89/91
  Télécopieur : 01 49 59 11 96
  Commandes :   Tél. : 02 38 32 71 00
                        Télécopieur : 02 38 32 71 28

• Pour la Suisse :
  **VIVENDI UNIVERSAL PUBLISHING SERVICES
  SUISSE**
  Case postale 69 - 1701 Fribourg - Suisse
  Tél. : (41-26) 460-80-60
  Télécopieur : (41-26) 460-80-68
  Internet : www.havas.ch
  Email : office@havas.ch
  DISTRIBUTION : OLF SA
  Z.I. 3, Corminbœuf
  Case postale 1061
  CH-1701 FRIBOURG
  Commandes :   Tél. : (41-26) 467-53-33
                        Télécopieur : (41-26) 467-54-66
                        Email : commande@ofl.ch

• Pour la Belgique et le Luxembourg :
  **VIVENDI UNIVERSAL PUBLISHING SERVICES
  BENELUX**
  Boulevard de l'Europe 117
  B-1301 Wavre
  Tél. : (010) 42-03-20
  Télécopieur : (010) 41-20-24
  http://www.vups.be
  Email : info@vups.be

Guy Finley

Le cœur apprenti

Leçons de vie que seul
l'amour peut nous apprendre

Traduit de l'américain
par Marie Perron

LES ÉDITIONS DE
L'HOMME

Du même auteur

Amour, mensonges et pièges, Le Jour, éditeur, 2000.

Lâcher prise, Le Jour, éditeur, 1993 ; réédition : Les Éditions de l'Homme, 2003.

Les clés pour lâcher prise, Le Jour éditeur, 1995 ; réédition : Les Éditions de l'Homme, 2003.

Les voies de l'émerveillement, Le Jour, éditeur, 1994.

Pensées pour lâcher prise, Le Jour, éditeur, 1996.

Prier pour lâcher prise, Le Jour éditeur, 1998 ; réédition : Les Éditions de l'Homme, 2003.

Vaincre l'ennemi en soi (avec la collaboration du Dr Ellen Dickstein), Le Jour éditeur, 1996.

En reconnaissance du soutien que m'a prodigué Patricia,
mon épouse bien-aimée, dans la préparation de cet ouvrage,
je dédie ce livre à tous ceux pour qui le bien est la plus grande valeur.

Ce livre est-il pour vous ?

Vous avez été amoureux…

Vous avez souhaité ne pas aimer en vain…

Vous vous êtes demandé ce qu'est l'amour…

Vous vous êtes demandé si l'amour
en vaut vraiment la peine…

Vous avez constaté que vous ne saviez pas aimer…

Vous avez été ému à la pensée que Dieu est amour…

Vous avez souffert par amour…

Vous avez renoncé par amour à ce que vous aimiez…

Vous avez prié pour accéder à une forme
supérieure d'amour…

On a rejeté votre amour…

Vous savez d'instinct que vous attend un amour
défiant toute imagination…

…alors, rassurez-vous : ce livre vous est destiné.

« Tout amour devrait conduire à l'amour de Dieu.
Il en fut ainsi pour moi ; béni soit-il
pour sa bonté et sa miséricorde. »

PLATON

Un mot de l'auteur

Lorsque nous aimons un être ou un instant de la création, le lien qui nous attache à l'objet de notre amour participe de l'invisible. De tels moments renferment ce qui nous permet d'accéder à la connaissance de notre amour : une force imperceptible qui franchit l'obstacle du corps physique pour l'imprégner tout entier ; une force qui nous ouvre les recoins secrets du cœur où nous sommes entrés alors même que nous nous réjouissons de l'intériorité profonde que nous y avons trouvée.

Ainsi, sous des déguisements encore inconnus, l'amour est la secrète tierce partie de toute relation entre deux êtres qui s'aiment. Il est le point commun qui les unit, ce « terrain d'entente » inaccessible à chacun en l'absence de l'autre. L'amour est le catalyseur de la relation : il fusionne les deux personnalités distinctes qui l'habitent en une unité tout à fait nouvelle. Efforçons-nous de circonscrire cette idée d'un point de vue légèrement différent, mais beaucoup plus familier.

Pour que nous succombions au charme d'un océan de lumière dorée étalé sous nos yeux, notre navire doit entrer dans un port au coucher du soleil. De même, pour nous aimer l'un l'autre, nous devons d'abord entrer dans l'amour. Si cela vous paraît quelque peu mystérieux, c'est parce que l'amour est un grand mystère ! D'où les thèmes de ce livre : comment l'amour, par ses mystérieux desseins, conquiert un cœur consentant ; comment chacun de nous est, consciemment ou non, un cœur apprenti ; comment l'amour nous prépare à l'amour.

Voyons s'il est possible de puiser à nos expériences amoureuses passées pour illustrer cette dernière idée.

Lorsque nous sommes amoureux, nous restons suspendu aux paroles de l'être aimé. Il n'y a pas de doute : nous lui consacrons toute notre attention. Nous remarquons tout : sa façon de s'exprimer et de bouger, ce qui l'attire, les petits détails qui lui plaisent et ceux qui lui déplaisent. Rien n'échappe à notre vigilance. Un tel état de conscience, un tel désir de plaire à l'être aimé sont *plus* que justifiés, car en retour de l'amour donné nous recevons non seulement une part d'amour encore plus grande, mais aussi un profond sentiment de paix. Ce cadeau vient de ce que nous comprenons qu'*aimer* est notre véritable raison de vivre. Lorsque nous prenons conscience de cette réalité indiscutable, le plus grand secret de tous les temps – la dynamique de toute chose créée – nous est révélé : *L'amour est la récompense de l'amant.*

N'est-ce pas vrai ? Plus nous aimons un autre être, plus nous engrangeons d'amour *en nous*. N'est-il pas vrai, aussi, que cet amour ne nous suffit pour ainsi dire jamais, quelle que soit son intensité initiale ? Nous avons beau penser que cette flamme amoureuse nous consumera si elle continue de brûler avec autant de ferveur, lorsqu'elle s'éteint – comme elle le fait toujours – nous nous sentons perdus et abandonnés !

Ces cycles d'amour trouvé et d'amour perdu sont si puissants, les ruptures si douloureuses, que lorsque nous aimons à nouveau, notre besoin de *posséder l'aimé* s'intensifie, parfois au point de nous submerger. Nous nous persuadons que la possession de l'aimé suffira à nous empêcher de le perdre. Mais, même en présence d'une telle éventualité, nous savons que cette possession échouera. En effet, toutes nos relations amoureuses nous ont appris que la *possession* de l'objet de notre amour est forcément irréalisable. À notre grand désarroi, nous constatons que *le fait même de nous agripper à l'être aimé est ce qui nous en sépare.*

Ainsi, très subtilement, nous commençons à rêver d'un amour différent, d'un amour que nous ne posséderions pas, mais qui *nous posséderait*. Dans la capitulation née de cette prise de conscience, la nécessité de l'abandon de soi s'impose à notre esprit. L'amour nous révèle que le seul empêchement à l'amour rêvé est l'inassouvissement de ce sentiment d'identité que nous croyions naguère indissociable de l'expérience amoureuse.

Tous les grands amoureux de l'Histoire et de la littérature ont fait l'expérience de cette découverte de soi, dans certains cas au prix du sacrifice de leur propre vie. Quiconque s'est consumé dans un tel amour n'ignore pas le paradoxe auquel il soumet les amants : la plénitude vient du don de l'amant, de son abandon à l'être dont l'existence même est la source de vie de son cœur. Ainsi commence l'apprentissage du cœur.

Peu à peu, selon des étapes bien définies, *l'amour forme à l'amour le cœur qu'il désire, et le cœur qu'il s'approprie apprend l'amour.*

Par ses enseignements, l'amour domestique le cœur non pas en le tenant en laisse, mais en le délivrant; non pas en lui tenant la dragée haute, mais en l'affinant afin qu'il s'enivre d'un bonheur libre. Le cœur qui se soumet à la conquête s'ouvre à un sentiment nouveau de liberté.

Le cœur qui ne sait pas aimer est débridé. Assoiffé, altéré, avide, il court à perdre haleine. Il souffre sans savoir pourquoi et recherche les conquêtes épidermiques qui apaiseront provisoirement son inépuisable agitation.

Le cœur adouci par l'amour s'abandonne; il devient entrepôt, aqueduc, centrale de stockage. Il se maintient en équilibre entre satiété et inanition, il se nourrit et nourrit autrui de ce qui l'a fait. Il touche et est touché par l'inimaginable miracle de l'amour. Il n'a nul besoin d'espérer en l'avenir, car il est à la fois objet et sujet de l'éternité.

Le présent ouvrage décrit le voyage intemporel que le cœur entreprend lorsque le moment est venu pour lui de rechercher ce Cœur majuscule qui bat dans toutes nos poitrines. Ses pages regroupent les réflexions imparfaites d'un homme imparfait qui se laisse guider par son désir imparfait de parfait amour.

Je dédie ce livre à tous ceux qui désirent l'amour plus qu'ils ne doutent de son existence. Ceux-là sont des cœurs apprentis.

Je l'ai écrit pour tous ceux qui veulent entrer dans la lumière de la vie, ne plus rester à l'écart, emmitouflés dans leurs ténèbres. Ceux-là sont les hérauts de la lumière.

J'envoie ce livre au secours des êtres malheureux qui ont perdu leur cœur et qui doivent maintenant le retrouver dans les profondeurs insondables de leur être. Ceux-là sont les rares élus de l'amour.

Si vous faites partie de cette élite, ce livre vous est destiné.

GUY FINLEY

L'amour est cette magie qui fait de toute chose puissance et beauté. Il tire l'abondance de la pénurie, la force de la faiblesse, l'harmonie de la difformité, la douceur de l'amertume, la lumière de l'obscurité, et, en puisant à sa nature imposante mais indéfinissable, il crée toute forme de bonheur.

HENRY JAMES

Je ne me souviens pas
de t'avoir donné mon cœur

Vole-moi mon portefeuille, voire mon identité, et si tu es futé il se pourrait fort bien que je ne m'en rende pas compte tout de suite. Mais si tu me voles mon cœur, ne crois-tu pas que je pourrai identifier le moment précis de ton larcin ?

Après tout, comment un vol aussi important ne laisserait-il pas de traces ? Comment un tel événement pourrait-il avoir lieu sans que la victime ait conscience du crime commis à son endroit, ou mieux, en elle ? Le fait est que… je ne me souviens pas de t'avoir donné mon cœur. Pourtant, c'est clair : il est en ta possession.

Crois-moi, je suis très dérouté de ne trouver qu'une douleur immense là où naguère j'avais un cœur. Ma douleur est si vive que la quête de mon cœur perdu est la seule constante que je connaisse. En outre, j'ignore l'objet premier de ma recherche : que dois-je trouver d'abord pour redevenir entier, mon cœur ou *toi* ? Qu'est-ce que je cherche ? Le centre de mon être ou le voleur qui lui a retiré sa substance ?

Où se situe la frontière entre ces deux démarches, à supposer qu'il y en ait une ? Depuis quelque temps, il me semble que la réponse à cette question est plus étrange encore que les circonstances du vol.

Je constate en effet – même si cela me paraît impossible – que *mon cœur et toi ne faites qu'un*, sans doute depuis toujours, mais que je l'ignorais. Bien entendu, je dois aussi tenir compte d'une autre considération, si incroyable soit-elle :

Est-il possible que nous venions au monde sans cœur ? Que nous ayons à la naissance une poitrine creuse ? Est-il possible que cette poitrine attende maintenant que vienne la combler un cœur qui a toujours appartenu à quelqu'un d'autre ? Tant de questions… Et la seule chose dont je sois sûr est celle-ci :

Je ne me souviens pas de t'avoir donné mon cœur.

Les exigences de l'amour

Je songeais cet après-midi à l'homme qui nous a présentés l'un à l'autre. Que lui dirais-je, aujourd'hui, si je le rencontrais?

Savait-il ce qu'il faisait?

A-t-il réfléchi un seul instant au sort qu'il me réservait? À la façon dont notre rencontre modèlerait toutes les facettes de mon existence? A-t-il deviné que je perdrais tout ce qui m'est cher, car te revoir deviendrait ma seule raison de vivre?

Avec le recul, je me doute bien qu'il savait tout cela. Mais, *moi*, je croyais être meilleur juge.

Par exemple, il m'avait alors dit que si mon amour ne t'était pas exclusivement destiné, tu ne m'appartiendrais jamais vraiment. Mais j'ignorais cela, et cela m'importait peu. Rien n'avait de réalité pour moi que l'objet de mon désir. Je saurais bien te conquérir à ma convenance. Comment pouvais-je savoir?

Je ne prétends pas que c'est la faute de mon ami si je t'ai abandonné mon cœur. Cela équivaudrait à reprocher à quelqu'un de m'avoir offert son meilleur vin, ce cépage rare qui, en raison de ses vertus subtiles, prive tous les autres vins de leur vitalité et de leur bouquet. Tout compte fait, personne n'est à blâmer si mes goûts changent.

Mais la fine frontière entre la soif insatiable de mon cœur et l'assouvissement qu'il trouve en toi se brouille. Je ne sais plus où la soif commence et où prend fin l'assouvissement, ni même s'il n'y a jamais eu de différence entre les deux. Sans doute est-ce là que gît la réponse à ma première question : mon ami savait-il ce qu'il faisait en ce jour marqué par le destin ?

À la lumière de cette situation malencontreuse, je constate qu'*il était déjà ton amoureux*. Il était tout aussi prisonnier de son désir de partager avec moi son amour pour toi que je le suis maintenant du désir de t'écrire ces lettres pour te parler du cœur dont je t'ai confié la garde. Chacun de nous répond à sa façon aux exigences de ton amour, chacun de nous trouve sa réalisation dans l'obéissance aux desseins secrets de ton amour invincible.

Le parfait combustible

L'adjectif insatiable est lourd de sens caché. Il renferme un sous-texte invisible que seuls perçoivent, je crois, ceux qui ont connu un amour tel que le tien. Et voici que j'ai découvert son éloquent secret : j'ai beau me dire chaque jour que ma quête de toi doit prendre fin, j'ai beau chanter sans cesse la même ritournelle, mes yeux cherchent à t'apercevoir !

Quelle étrange folie ! La pensée de toi me consume si profondément que je n'ai aucun pouvoir sur elle.

J'aimerais être cette bûche qui brûle dans ma cheminée intérieure et qui, devenue cendres, devenue une matière maintenant ininflammable, peut enfin trouver le repos. *Quelle paix...* et combien elle me manque.

Mais je brûle d'une flamme qui ne trouve pas de répit. Même lorsqu'on la croit éteinte, la braise couve encore. Le feu s'apaise jusqu'à un certain point, jusqu'à ce qu'il n'en reste plus qu'une faible étincelle, et le voilà qui flambe derechef.

Il est terrifiant de penser que le vide puisse être un aussi parfait combustible, que le feu qui meurt puisse renaître de ses propres cendres.

Qui d'autre que toi pourrait étouffer ce feu que rien ne nourrit et qui me consume entièrement?

Le feu que tu recherches
brûle en toi.
La lumière que tu cherches
t'y attend aussi.
Si tu veux te connaître
et si tu veux savoir
ce que ton cœur désire,
laisse-toi embraser:
fais que le feu soit Feu.

Une moitié de cœur

Qu'y a-t-il de plus triste que le demi-cœur d'un poète amoureux ?

Il vaudrait mieux ne pas avoir de cœur du tout !

Quand on n'a qu'une moitié de cœur, on ne sait qu'une chose : l'autre moitié nous manque. Mais la moitié qui nous manque est celle qui achève la rime et fait de ce distique bancal un couple parfait.

La moitié de cœur du poète amoureux renferme tout juste assez de passion pour lui donner envie de mourir pour sa bien-aimée, mais pas assez pour venir à bout de son pas de deux.

Mi-figue, mi-raisin… Ni chair ni poisson… Le poète amoureux ne bat que d'une aile avec son demi-cœur. Attiré par l'eau, il n'y pénètre pas, car il ne sait pas nager.

Vois-tu, *maintenant*, pourquoi j'ai tant besoin de toi ? Affolé. Effaré, sans véritable cœur, je suis une proie facile… Et, seul, je ne puis trouver mon demi-cœur absent.

La visite

J'ai eu de tes nouvelles aujourd'hui.

Le plus étrange est que j'étais certain que ce jour différerait de tous les autres. Imagine un peu : l'attente et l'inquiétude ; l'amour de toi et le ressentiment – par intermittence, encore et encore, jusqu'à ce que le cœur s'épuise, jusqu'à ce qu'il n'aspire plus qu'à l'engourdissement.

C'est étonnant… rien en moi n'est tel que je l'avais prévu. Rien. Pourtant, tout semble parfaitement à sa place. *Calmement* à sa place, plutôt. Ce *calme*… voilà le plus étrange.

Après tout, jusqu'à ce que nous nous voyions ce matin j'avais l'impression de t'attendre depuis toujours. Ne crois-tu pas qu'au moment de nous revoir une fanfare aurait résonné dans mon cœur ? Mais non… rien. Non, pas tout à fait rien. Un rien *profond* ; un rien *richissime*, incomparable, comme la fusion du tout et du rien.

Je suis curieux de voir quels seront mes sentiments dans les pro-
chains jours. Puisque tu n'as pu rester. C'est du moins ce que je me suis
dit quand tu m'as échappé. Mais en réalité je me sens bien, du moins
pour l'instant. Quelque chose de toi persiste en moi, comme si tu
n'étais pas vraiment partie, même si tu es partie.

Ô douce lumière,
mon cœur reconnaissant
te voit entrer en lui
à l'improviste ; mais il te laisse volontiers
y prendre tout ce que tu veux.
Ta tendre discrétion
ne l'étonne pas
quand tu entres en tapinois ;
tout doux, tu gommes l'obscurité
et t'y installes à sa place.

Certaines choses changent, d'autres non

Tout le monde sait cela : comme on le lit dans l'Ecclésiaste : « Il y a un moment pour tout. » Il y a un temps pour *toute chose*. La seule exception à cette règle semble être le moment même où l'on retient cette leçon, où l'on apprend que *toute chose a son temps sous le ciel* ! S'il existe au monde une vérité que je devrais avoir enfin comprise, c'est bien celle de cet adage. Pourtant... *ce n'est pas le cas*.

L'écho dans mon cœur vide résonne plus fort que ma raison quand elle me dit que je ne suis pas *vraiment* seul, que mon sentiment d'abandon n'est lui-même que l'écho d'un bruit de pas révolu, et qu'il me suffirait de m'adapter aux circonstances changeantes de la vie. Je serais bien inspiré de le faire, après tout.

Toute chose a un début et toute chose a une fin ; les moments de bonheur sont suivis par le vide ; l'existence est une succession de départs et d'arrêts ; après la vie, la mort.

Ne crois-tu pas qu'il serait temps que des êtres tels que nous, nés de et dans un monde où le cycle ininterrompu des saisons est la seule constante, vivent en paix avec cette procession interminable ?

Pourquoi ne puis-je accepter ton départ ?

C'est comme ça

Je reste parfois assis à écouter le vent, à regarder ses doigts invisibles caresser toutes ces choses dont il se délecte. Mais ce qui le plus m'attire dans la danse du vent, c'est qu'elle ne commence nulle part et ne finit nulle part. Soudain, voici le vent, il est ici, là-bas, partout; plus présent par endroits, moins présent ailleurs; il entraîne avec lui tous ces objets abandonnés qu'il trouve sur sa trajectoire sans qu'on sache jamais où il les emportera, où il les abandonnera.

En regardant par la fenêtre les feuilles tombées qui dansent et s'évanouissent dans l'obscurité naissante, je me dis qu'un arbre auquel le vent rend visite – un arbre qui ne sait rien du vent – doit ressentir ce que je ressens moi-même lors de tes invisibles allées et venues. Ce parallélisme est criant de vérité: tout à coup, quelque chose d'inconnu s'approche et me frôle de ses branches, mais si doucement qu'il ne laisse aucune trace de son passage.

Pourtant, après quelques secondes à peine, cette brise délicate cède le pas à une tourmente dont la violence menace de me déraciner. Et puis, tout aussi soudainement, la voilà qui s'apaise à nouveau. Ne restent plus que les frémissements de l'arbre pour témoigner du vent entre ses branches.

Le calme de l'après est bon : il prépare le terrain à une prochaine visite.

Tout ton être est ici !
Puis il n'est pas ici !
L'un parfois
plus que l'autre.

Tu viens vers moi,
puis tu me fuis !
Tu caches tes mystères
à ton amant.

Rappelle-toi
de ne jamais oublier

Si seulement je pouvais ne jamais oublier que je vis sans toi, s'il m'était donné de ne jamais trouver de répit dans ton absence, aucune des joies que la vie dépose sur le seuil de ma porte avec désinvolture ne me trahirait. Seul un acte aussi délibéré – me rappeler de ne *jamais* t'oublier – me permet de déceler la vraie nature de ces déceptions futures, de ces faux-semblants psychiques : ils sont désespérément imparfaits… comme chacun des moments où tu n'es pas là.

Crois-tu que ce soit là une attitude extrême ? Pourtant, quand on l'examine avec soin, elle nous révèle son équilibre délicat et secret.

Combien de fois devrai-je *encore* me rappeler que nous ne sommes pas ensemble ? Plus justement, combien de fois devrai-je redevenir le prisonnier de ce vide douloureux *avant* de me rappeler que je n'ai *jamais* cessé de l'éprouver ?

Il vaudrait sans doute mieux que je ne connaisse plus jamais le bonheur, car que vaut un bref rayon de lumière s'il ne fait que différer l'inévitable obscurité que ramène ton absence ? Non. Je n'éprouve aucun plaisir à oublier ma souffrance. Car, lorsqu'une joie m'est donnée, elle me fuit aussitôt. Elle n'est qu'un praticable peint ; tout au plus le décor qui habille une scène vide et nue.

Cet après-midi, j'ai écouté l'émouvante trame sonore d'un vieux film. La musique souligne le sort de deux amants héroïques qui cherchent à se retrouver en dépit du destin tragique qui les sépare et semble si déterminé à empêcher leurs retrouvailles. Ces histoires d'amour intemporelles sont lourdes de vérité.

Je constate que je m'efforce, tout au long de ton absence, d'inventer des façons de vivre sans toi. J'ai tort. C'est de la lâcheté.

Je sais maintenant que je dois vivre sans être vraiment vivant, car, sans toi, la vraie vie n'existe pas. Sans ce vide qu'elle renferme, une tasse ne pourra jamais rien contenir.

Le cœur entêté

Si tu savais combien de fois j'ai pris la résolution d'en finir avec toi pour retrouver enfin ma paix d'esprit! Non… plus jamais je ne te chercherais où tu te caches! Mais – tu t'en es sûrement rendu compte – la perfection n'est pas de ce monde. Je suis sûr que le chaos de l'univers est né en moi. Il suffit de songer à mon cœur: il est sourd au message que ma tête s'efforce en vain de lui transmettre.

Crois-moi, un cœur entêté est pire qu'un esprit cabochard! Quand le cerveau s'entête, on finit quand même par apprendre quelque chose *tôt ou tard*. Mais quand c'est le cœur qui s'entête, on doit accepter qu'il refuse de chercher l'amour – *ton* amour, plus précisément.

Malgré tout, en dépit des protestations de ma raison, mon cœur bat chaque jour comme s'il était tout neuf, comme si «cela devait se produire aujourd'hui!» Comme si *aujourd'hui* pouvait être différent de tous ces autres jours sans toi qui l'ont précédé. Et mon cœur ne subit pas seul cette bouleversante conspiration intérieure!

Mes yeux mêmes refusent de voir la solution que le reste de moi leur propose. Ils te cherchent chaque jour, partout, à tous les coins de rue, comme s'ils ignoraient que tu ne leur as pas rendu leur regard depuis tant d'années. Mais, le pire… le pire, c'est que ma raison nargue et mon cœur et mes yeux.

« Tu te moques de nous ! » me répètent mes pensées. « *Que* cherches-tu donc ? »

Comme toujours, trop victime de ses attentes pour remarquer le mépris dont il est l'objet, trop consciencieux pour se retourner et voir qui le moque, mon cœur se contente de répondre poliment à son bourreau : « Je cherche mon amour ! »

Le héraut de l'invisible espoir

J'essaie de me convaincre que penser à toi sans cesse est inutile, mais chaque fois je comprends qu'en voulant t'oublier je ne fais que tourner autour de la seule source lumineuse de ma vie. Bien sûr, cette lueur, cet évanescent reflet de toi n'est pas vraiment toi, mais ces pensées – et l'espoir que je mets dans leur survivance – me disent que tu reviendras peut-être. Un souvenir de cet ordre ne sert-il qu'à apaiser mes tourments ? Je crois qu'il fait plus que cela.

Un jour, quand j'étais tout petit, ayant accompagné ma mère dans un grand magasin, j'ai soudain constaté avec effroi qu'elle avait disparu. Je ne m'étais pas rendu compte tout de suite de m'être éloigné d'elle, mais quand, pour me rassurer, j'ai levé les yeux vers l'adulte qui se tenait à mes côtés, j'ai vu que son visage n'était pas celui de ma mère ! Ce n'était pas ma mère ! J'ai eu beau la chercher parmi la foule qui m'entourait, je n'ai pas retrouvé son rassurant sourire.

Un sentiment d'épouvante me saisit. Je me souviens du vertige, de la fièvre, de ma confusion. Quelques secondes plus tard, comme dotées d'une volonté propre, mes petites jambes se mirent à marcher, poussées par mon désir instinctif de retrouver la seule personne auprès de laquelle j'étais toujours en sécurité.

Mais j'étais moi-même le moteur du courant qui m'emportait ; perdu, j'errais dans un océan de visages adultes dont aucun n'était celui que je cherchais et qui, tous, en croisant mon champ de vision, contribuaient à accentuer mon épouvantable sentiment de solitude. Je ne désirais qu'une chose : retrouver ma mère et glisser ma main dans la sienne.

Bien sûr, je me rends compte avec le recul que je ne pouvais nullement deviner qu'elle s'était lancée à ma recherche. Nous ne sommes pas capables, à cet âge, de pensées aussi réconfortantes. Si j'avais su que ces moments la terrifiaient autant que moi, je ne me serais sûrement pas senti aussi vulnérable, je n'aurais pas éprouvé un tel effroi.

Aujourd'hui, alors que les circonstances me rappellent cet incident, je voudrais me souvenir d'une chose, une seule : Nous sommes-nous trouvés tous les deux cet après-midi là, ou est-ce ma mère seule qui m'a trouvé ? Ai-je finalement été recueilli par une vendeuse de parfums ou par le commis du comptoir de cravates et contraint d'attendre ma mère aux « objets perdus » ? Ou bien ai-je moi-même parcouru par miracle la moitié du chemin pour aller à sa rencontre ?

Si je parvenais à me souvenir de cela, je saurais comment agir aujourd'hui.

La pluie que
l'on n'attend pas

Certains matins, comme celui-ci, je déborde pour toi d'un amour si tendre que je ne parviens même pas à me l'expliquer moi-même. Je ne comprends pas non plus comment la pluie qui tombe si doucement dans mon cœur peut laver l'amertume qui s'y est accumulée au long des semaines et des mois de ton interminable absence. Pourtant, je renais.

Quel mystère ! Et cependant, rien n'a changé. J'ignore toujours où tu es, et tu n'es toujours pas revenue.

Comprends-moi bien. Si la douceur qui m'envahit échappe à ma compréhension, elle n'échappe pas à ma bienveillance. Chaque fois que tu me rends visite de cette façon inattendue, je sais que la journée sera légère et que je penserai à toi souvent au cours des heures qui vont suivre.

Tant qu'il dure, ce souvenir est vivant. Et moi aussi.

Ouvrir ces yeux qui voient

Puisque l'oubli de toi ne m'apporte pas la paix, le remède à mon afflic-tion consiste sans doute à refuser de respirer un air qui ne soit pas tout vibrant de ton nom. J'avoue ne pas encore très bien comprendre les bienfaits de ce remède, mais je le sens chargé de sagesse. Il m'est par conséquent possible d'espérer.

Depuis quelque temps, par exemple, je constate que mon esprit et mon cœur voient la vie avec des yeux différents. Souvent, mon état d'esprit et mes sentiments dépendent moins de *ce qui* se déroule sous mes yeux que de *la part de moi* qui s'adonne alors à l'acte de regarder. S'il te paraît étrange que le regard soit différent selon qu'il provient de l'esprit ou du cœur, un simple exemple te le démontrera.

Mon esprit – plus spécifiquement la pensée de toi – te cherche comme l'abeille cherche la fleur, et ses espoirs sont sensiblement les mêmes.

Tous deux (l'abeille et mon esprit) veulent atterrir. Tous deux désirent « reconnaître », à son *contact* nourricier et secourable, le lieu où ils se poseront. Compte tenu de ces paramètres, chaque fois que mes pensées se lancent à ta poursuite et ne te trouvent nulle part, il me semble que je ne touche rien et que rien ne me touche.

Quand mon cœur te cherche du regard, ses yeux parfois te voient là même où tu n'es pas. Je ne puis expliquer parfaitement ce miracle… mais ce qui suit s'approche un peu de la vérité :

Quelque chose dans le regard d'un cœur aimant lui permet de traverser toute matière qui le sépare de son amour. Ainsi, s'évanouissent les barrières du temps et de l'espace entre le cœur et l'être aimé.

Le pouvoir qui anime cet ordre de perception est différent de celui de mes pensées qui, elles, doivent toucher avant que de connaître. C'est par l'amour même qui touche son amour que le cœur reconnaît l'être aimé. En d'autres termes, chaque fois que je te donne en pensée mon amour, ton toucher aimant m'est donné.

Mon amour pour toi
est celui que tu m'as donné.
Mon espoir en toi
est ton espoir en moi.
La joie qui me vient de toi
te rend heureuse.
Ma paix à te connaître
vient de ce que tu me connais.

L'étincelle qui croyait
être une flamme

Ce soir, en lisant le récit d'un autre, le récit de sa violente nostalgie pour son seul et unique amour, je constatai à mon grand désarroi que, comparé au sien, mon amour pour toi était bien petit… Quel choc !

Tout cœur passionné – dans ce cas-ci, le mien – croit que sa nostalgie ne surpassera jamais sa capacité à la tolérer. Mais il y a de toute évidence des cœurs plus grands, des cœurs capables de plonger dans des gouffres plus profonds de noire solitude et qui, dans leur immense courage, connaissent aussi des sommets d'amour dont ne peuvent que rêver les cœurs timides tels que le mien.

Se pourrait-il que l'amour ne soit donné qu'à ceux-là dont l'amour est si immense qu'ils ignorent, voire se moquent de s'y consumer tout entiers ? Si c'est le cas, qu'en est-il de ceux-là qui confondent la flamme vacillante de leur bougie avec l'éclat vivant d'une torche ?

Pourtant, j'ose encore espérer. *Pour qui sait les trouver*, cette révélation renferme de secrètes douceurs. Là où nous n'apercevons qu'une minuscule flamme il existe peut-être un feu plus grand où l'amour peut s'épanouir. Quand ce feu s'embrasera, je sais que tu y seras.

Une braise surnaturelle

Combien de fois, au moment même où je cessais de me demander quand tu reviendrais, n'ai-je pas éprouvé un certain soulagement face à ma courageuse détermination ? Mais lorsque mon esprit jouit de son propre délire et parvient à oublier qu'il ignore où tu t'en es allée, mon cœur souffre.

Rien ne semble le distraire de sa mission qui consiste à désirer ta présence, mission dont je ne suis pas parvenu à ce jour à percer le mystère. Après tout, pourquoi persister dans ma quête de toi ? Je me dis que c'est inutile. Mais même cette pensée est inutile et impuissante, car elle ne peut ni mettre fin à mon désir de toi ni l'extirper de mon cœur.

Comme une braise surnaturelle qui ne s'éteint jamais, ce sentiment de vide persiste, sans cesse ranimé par la brise invisible qui me traverse.

Quelle étrange chose ! J'avoue aimer cette lueur provisoire qui, seule, redonne vie à ma nostalgie de toi, mais chaque fois qu'elle se ravive je reprends conscience de l'obscurité que mon cœur est contraint de fouiller.

Dans les bras
de l'autre côté du monde

Je n'ai jamais cru que je ne réussirais pas à te trouver et à te garder à mes côtés. C'était hors de question... jusqu'à présent.

J'y suis presque parvenu si souvent, je suis venu si près de la victoire... la parfaite harmonie entre nous deux était, j'en étais sûr, le seul dénouement possible. La certitude inéluctable de notre réunion structurait mon être au plus profond, jusqu'au niveau de l'atome, si bien que ma vie tout entière dépendait de cette invincible promesse.

Mais ma vieille certitude est en train de s'effriter et elle entraîne dans sa chute différentes parts de moi qui se perdent dans l'espace et dans cet inconnu jamais appréhendé sinon dans mes pires cauchemars. Et à ce sentiment de destruction né de la peur de ce qui n'aura pas lieu s'ajoute ce qui *existe* : un engourdissement envahissant, la découverte déconcertante que ce que je croyais *réel ne l'est* tout simplement *pas*. Tout ce qui constituait ma raison de vivre n'avait en réalité aucune raison d'être. Cela équivaut à découvrir que le haut est le bas. Où aller ? Vers quoi ? C'est presque insupportable.

Si ce périple doit avoir un heureux dénouement, j'ignore au juste qui pourra l'écrire. L'espoir ténu qui me reste s'affadit ; il se couche rapidement comme le soleil de fin de jour se jette dans les bras de l'autre côté du monde.

Un amour
comme aucun autre

Quelle merveille que ces matins d'automne. Comme il est beau ce temps de l'année ! Les feuilles jaunies tombent en pluie et les petits oiseaux reviennent du nord pour se nourrir à mes mangeoires.

Je me suis plongé ce matin dans les récits d'une personne qui t'a croisée dans les déserts de l'Orient et qui a eu le bonheur de passer quelque temps en ta compagnie. Si ces relations éveillent d'habitude ma jalousie et ma tristesse – car il existe au monde un être plus fortuné que je ne le suis – ma réaction de ce matin a été tout à fait différente et inattendue.

Tandis que je lisais le récit de tout ce qu'il a vécu auprès de toi, mon désir de ta présence est devenu envahissant, renversant. Une vague d'amour s'est abattue sur moi qui non seulement nous a submergés tous les deux, mais qui a entraîné aussi ton autre amant dans son irrésistible mouvement. Incontestablement, nous avons été emportés par elle – toi, lui et moi – parfaitement.

Qu'est-ce que cela signifie ? Se peut-il que j'en vienne à aimer ceux qui t'aiment ? Une telle éventualité aurait été inimaginable avant aujourd'hui. Mais puisque ton amour ne ressemble à aucun autre…

L'amour pour l'amour
de l'amour

Hier soir, tandis que ta pensée m'empêchait de dormir, je me suis senti une fois de plus très las de désirer à ce point ta présence. Je connais le déroulement de ces nuits d'insomnie : ou bien je décide de supporter mon mal un jour de plus – soutenu par l'espoir rassurant de ton retour –, ou bien j'en conclus que, puisque tu ne veux pas de moi, il en sera de même pour moi. C'est fini. Un point c'est tout.

Aucune de ces solutions n'a jamais rien changé à mes sentiments ni à ce que nous vivons tous les deux. Jusqu'à hier soir. Tandis que j'oscillais entre ces deux éventualités, une troisième m'est venue à l'esprit à laquelle je n'avais encore jamais songé.

Tandis que je luttais pour trouver une solution qui mettrait un terme acceptable à ma souffrance, cette pensée m'est venue : « À supposer que je te chasse de mes pensées, comment pourrais-je cesser de t'aimer ? »

Ensuite, j'ai eu une *autre* pensée, encore plus incongrue que la première. Sans pouvoir l'affirmer ou le démontrer, je crois qu'elle m'est venue de toi. À ma question muette « Comment pourrais-je cesser de t'aimer ? », tu as répondu que je ne devais pas cesser de t'*aimer*, mais que *je* devais cesser. »

Je n'ai pas très bien compris. J'ai écouté encore plus attentivement cette voix intérieure lorsqu'elle a répété : « Tu ne dois pas cesser de m'aimer, mais *tu* dois cesser. »

Je sentais qu'on me confiait là un étrange secret. Mais de quoi s'agissait-il ? J'ai attendu, à l'affût de la pensée qui prendrait forme dans mon esprit. En vain. La lumière de ce seul message pénétrait au plus profond de mon cœur obscurci.

Elle n'avait pas du tout l'éclat d'une fusée ou d'une comète : plutôt, on eût dit qu'un recoin de mon esprit parvenait à voir clairement au-delà de lui-même. Grâce à mon regard neuf, j'ai compris qu'*aucune* souffrance amoureuse n'a lieu pour l'*amour* de l'amour. Ces souffrances ont pour unique but de confirmer sa réalité à celui qui souffre. Je trouve étrange maintenant de m'être autant illusionné sur ma propre sincérité ; mais je sais que nos souffrances ne servent qu'à nous révéler l'amour secret que nous ressentons envers nous-mêmes.

Par cette interminable nostalgie, notre vide intérieur déclare qu'il veut en finir et qu'il y parviendra quand il se transvasera dans le cœur qui lui manque. Mais en réalité, ce vide n'aspire à rien d'autre qu'à sa propre présence, un jour de plus : il est son *plus grand* amour.

À la lumière de cette révélation, je comprends que mon amour ne saurait avoir deux objets. Voilà la signification secrète du message que j'ai reçu hier soir : je ne te trouverai que lorsque je me serai perdu moi-même.

Tu viendras quand je partirai.

Il ne me sert à rien de cesser de t'aimer pour que mon cœur trouve enfin le repos. Il faut plutôt que je t'aime en *cessant d'être moi*. L'amour doit exister par lui-même, sans quoi ce n'est pas de l'amour.

Il frappe à la porte de sa bien-aimée.
Une voix se fait entendre : « Qui est là ? »
« C'est moi », dit-il.
La voix poursuit : « Il n'y a pas de place ici
pour toi et moi. »
Et la porte reste fermée.
Au bout d'un an de solitude et d'isolement, il revient
et à nouveau frappe à la porte.
La voix demande : « Qui est là ? »
L'homme dit : « C'est toi. »
Et la porte s'ouvre pour lui.
Rumi

L'amour du pauvre

Maintenant, je comprends. Des règles régissent un tel amour et déterminent sa réussite ou son échec. Mais c'est l'être aimé qui les dicte, non pas l'être aimant.

La plupart de mes réflexions ne sont rien de plus que les constructions inconscientes et perpétuelles d'un amoureux déçu : il croit que son plus grand désir est de plaire à l'être aimé, mais ses actes quotidiens de contrition s'alimentent à – et dissimulent – de répétitifs sentiments égocentriques ; ses désirs n'ont pas tant pour but de séduire l'être aimé que de l'assouvir lui-même.

Autrement dit, il ne s'efforce pas de garder vivant l'amour qu'il croit être sa raison de vivre, mais bien l'amour de *son* désir d'amour.

Un tel être ne s'abandonne pas à l'objet de son amour sans en même temps se parer de cet abandon. Rien d'étonnant à ce que tu te sois efforcée de me demander, voire d'exiger de moi que je comprenne ceci : avant que je puisse espérer connaître ton amour dans sa totalité, il faut que mon amour ne vaille plus rien pour moi.

À défaut de cela, l'amour alimente le moi, il l'énergise et l'intoxique en lui injectant en secret la notion de ce qui le rend si précieux à ses propres yeux. Une ration quotidienne d'auto-adoration inconsciente m'empêche, de par sa nature même, de t'abandonner mon cœur complètement. Et tu ne veux rien de moins.

Le chemin qui mène à ton cœur m'est connu maintenant. Mon amour ne te deviendra précieux que dans son absolu appauvrissement, puisque tu n'aimes que cet amour appauvri, cet amour du pauvre.

Ce qu'il faut faire

Que cherches-tu à m'enseigner ?

Je suis comme un enfant prisonnier d'un collège, un enfant dont les devoirs échappent à sa compréhension et semblent provenir d'un tout autre univers… Rien de ce que j'apprends ne saurait être mis en pratique dans le monde où je vis.

Est-ce là ce que je dois apprendre ? Dois-je assimiler les règles de l'amour avant d'entrer dans son royaume ? Se peut-il que nul ne puisse déambuler dans le monde de l'amour avant de s'être lavé de son propre univers en appliquant les principes du nouveau ? Se peut-il que ce dilemme du cœur, c'est-à-dire ses enseignements non désirés, incarne la mort mystérieuse qui, dit-on, précède l'amour et la vraie vie ?

Pourtant, lorsqu'on est déjà mort, que l'on est séparé de la vie et aveuglé par l'amour de soi, lorsque nos yeux, en se dessillant, ne voient pas leur invisible rédempteur, quel autre choix a-t-on sinon d'aller là où l'on nous conduit ?

Je vais où l'on me mène. Mon seul espoir est *ta* bonté… Car je le sais, maintenant : pour que mon amour compte un jour pour *toi*, il me faut renoncer *moi-même* à lui attacher de l'importance. De *tous* tes desseins mystérieux, celui-ci est le plus difficile à supporter :

Il me faut comprendre que *sans ton amour* ma vie n'est absolument rien : ce fait boucle la boucle ; le cercle est refermé. Après tout, comment est-il possible qu'un être qui n'*est* rien accorde de la valeur à ce qu'il possède ? Une telle valeur est forcément aussi imaginaire que son objet. Pourtant, si cette humilité est le prix que tu exiges de moi pour entrer dans mon cœur, alors j'accepte de le payer.

Un espace vide

Il y a des moments, des plages de temps où vraiment il me semble ne pas avoir de cœur. C'est là une confidence bien étrange, mon amour absent, d'autant plus que tu n'es pas là pour l'entendre ! Mais je crois que tu saisis très bien la bizarrerie de cette situation.

Je ne dis pas que je suis sans cœur, c'est-à-dire cruel et insensible. Dieu fasse que non ! Mais il n'est guère facile de comprendre comment un être dépourvu de cœur puisse être bon. Il vaudrait sans doute mieux formuler cette réalité autrement et dire que ces moments d'absence de cœur sont des moments d'absence de vie.

Si tu as parfois l'impression de ne pas avoir de cœur, tu sais que cette absence de vie est la réalité la plus bizarre de l'existence. Quand cela se produit, tu te moques de ne pas avoir de cœur et, ainsi, de ne pas être en mesure de ressentir son absence ! Tu devines que tu vis toujours parce que tu fais encore l'expérience des actes spontanés de la vie : tu respires, tu vois, tu goûtes, tu entends et tu touches. Pourtant, ta vie est... une absence de vie.

Je suis sensible, éveillé même, mais j'ai fort peu d'énergie, fort peu de raisons d'exister. Néanmoins, cet état n'équivaut en rien au néant qui s'insinue dans un cœur pour s'emparer de son rythme vital.

L'absence de vie est beaucoup moins tangible. Elle ressemble au sentiment que l'on éprouve devant le vide que laisse derrière lui un être qui s'en va.

Au moins, un cœur *vide* se sait toujours vivant, fût-ce pour souffrir. Je réitère donc mon affirmation de tout à l'heure :

J'ai beau ne pas me souvenir de t'avoir donné mon cœur, je suis certain qu'il se trouve en ta possession. Sans toi, mon cœur, il ne me reste rien que la certitude inébranlable d'appartenir totalement, dans mon essence même, à quelqu'un d'autre.

La frontière de l'amour

Un examen superficiel révélerait que l'amour et la «folie» sont deux entités distinctes. L'amour, dirait-on, est ce lieu où l'être aimant souhaite posséder l'objet de son amour. La folie, dirait-on, est ce lieu où l'esprit est occupé, voire envahi, par une présence qui s'impose à lui, qui le soumet à *ses* désirs.

Mais que se passe-t-il lorsque l'amour entraîne un être vers une impossible frontière entre ces deux univers et l'abandonne au sort que décidera pour lui une impossible gravité? Mieux, qu'est-ce qui distingue ces univers l'un de l'autre si l'un des deux est l'origine secrète de l'autre, comme je me doute que ce soit le cas? Rien d'étonnant qu'on ne puisse les distinguer quand leur frontière se brouille. Est-ce que l'on devient fou? Est-ce que l'on obéit aux ordres de son cœur?

En guise d'exemple: aujourd'hui, peu importe avec qui je me trouvais, j'étais la proie d'un désir insoutenable: je voulais que, *d'une manière ou d'une autre*, ce soit *toi*, et non pas *moi*, qui regardes le monde avec mes yeux.

Je ne pouvais pas m'empêcher de souhaiter que tu entendes par mes oreilles tous ces gens qui me parlaient sans se douter que je n'écoutais pas ce qu'ils disaient, sans se douter que ta voix seule me parvenait à travers leurs paroles. Ainsi, où que j'aille, il m'était impossible d'assouvir ce désir qui ne me quittait pas : je voulais ne pas vivre moi-même, je voulais que tu vives à travers moi. Si c'est une folie, tu en es responsable.

Avant de rêver, puissé-je t'espérer.
Avant de désirer, puissé-je tendre la main vers toi.
Avant de juger, puissé-je t'écouter.
Avant de me hâter, puissé-je me reposer
dans ta présence.

Avant de crier, puissé-je t'appeler.
Avant de douter, puissé-je t'entendre.
Avant de me vanter, puissé-je te désigner.
Avant d'avoir peur, puissé-je avoir confiance.

Avant d'agir, puissé-je me souvenir de toi...
Pour qu'en ces actes, pour qu'en tout ce que je fais,
ce soit toi, jamais moi, qui occupes
la première place.

L'étrangeté des jours

Ces jours sont plus pénibles que d'habitude. Un vide étrange marque leur déroulement et me contamine. Nous errons sans but, sans volonté. Je ne peux te blâmer, toi, ma vieille amie, pour ce remous. En vérité, je suis également habité par l'absence du désir de penser à toi. Mais le plus étonnant est ceci : en dépit de ce vide, de cette absence de nostalgie de toi, je sais que rien ne bouge en moi *à cause de toi*.

Est-il possible qu'une chose *soit* et en même temps *ne soit pas* ? Non. Mais les faits sont là. Depuis quelque temps, je n'ai nulle envie de penser à toi, d'espérer en toi de quelque façon. Pourtant... L'absence même de mon cœur est un vide qui n'a de cesse de me *parler de toi*. En vérité, quelque chose m'oblige à entendre la voix du... néant.

J'ignore ce qu'est la mort, mais si elle commence par une sommation du vide à pénétrer dans un néant encore plus vaste, je n'ai rien à craindre. Car, quand mon tour viendra, je connaîtrai ce seuil pour m'y être déjà tenu.

> Avant la venue de l'eau,
> le puits doit retenir son vide.
> Avant que naissent les montagnes,
> elles patientent dans leur muette solitude.
> Avant qu'un son ne résonne,
> le roseau s'enroule autour de son centre creux.
> Avant qu'une âme connaisse l'amour,
> il lui faut embrasser les morts que la vie lui envoie.

L'amour de l'hiver

Par un matin aussi lumineux que celui-ci, je m'étonne toujours d'avoir oublié la beauté de l'hiver. Les feuilles flétries couvrent le sol de leurs nuances riches et sombres ; ici et là, par plaques l'herbe brûlée par l'automne semble vouloir reverdir sous les pluies matinales. Et, plus que tout, les arbres nus forment des points d'exclamation dans la nature.

Combien j'aime, dans l'hiver encore jeune, ces arbres si légèrement vêtus des quelques feuilles qui leur restent et qui s'accrochent encore à leurs rameaux. Ils parlent tous ensemble dans une langue rugueuse des jours fastes du passé et des froids à venir.

Mais c'est le récit muet de ces arbres nus qui le plus me réchauffe et me renforce. Car lorsqu'ils sont épanouis et verts, leur histoire est *déjà* révolue.

Certes, les vents de l'été tardif peuvent les entraîner dans une folle danse. Ils peuvent aussi garder en eux les dernières lueurs du jour et scintiller au beau milieu de leur ombre mystérieuse. Certes. Mais en dépit de cela, *tout ce qu'ils sont est visible.* Et *voilà* pourquoi j'aime ces arbres en hiver. Quand ils se dépouillent de leurs dernières traces de verdure, ils me deviennent plus intimes, comme si nous ne pouvions plus rien nous cacher.

Si ténu que soit mon espoir, il me vient de cet oubli propre aux arbres. Car il est vrai qu'une franche beauté réside encore dans leur nudité pure, une beauté que leurs feuilles masquaient auparavant à nos regards. Ainsi, ton absence n'est peut-être pas ce qu'elle semble. Peut-être est-elle la révélation d'une autre forme de ton amour.

Crois-tu que cette pensée ressemble trop à l'attente vaine d'un nouveau printemps ? Mais non !

Si les arbres traversent les saisons, si leur beauté ne se transforme que pour nous révéler ses nouveaux visages, pourquoi l'amour n'aurait-il pas aussi ses saisons ? Certaines saisons sont-elles plus belles que d'autres ou bien oublions-nous les délices que chacune nous offre en son temps ?

Le printemps vaut-il mieux que l'hiver ? L'été est-il plus riche que l'automne ? Les saisons n'ont-elles pas besoin les unes des autres pour être entièrement ce qu'elles sont ?

Aujourd'hui, je vois de la beauté dans ton absence. Je ressens ta présence prometteuse en moi avec plus d'acuité que les résidus des saisons mortes. Non, je ne te vois pas ; et il est certain que j'ignore où tu es. Mais en dépit de cette évidence – ou peut-être à cause d'elle – je sais que tu es ici.

Toi, et seulement toi

Une chose *est* sûre – du moins aujourd'hui. J'ignore pour quoi je me *sens aussi bien.* C'est sûrement une erreur ! Cette béatitude n'a aucun sens. Avant de me juger trop sévèrement d'accueillir si peu volontiers mon bonheur, sache que ma réticence est justifiable, même si je ne la comprends pas très bien !

Avant de sombrer dans un sommeil compatissant, j'ai prié hier soir qu'il me soit donné de mourir. J'exprimais là le souhait le plus sincère qu'un être de raison puisse formuler. Et même si je suis plutôt heureux aujourd'hui, presque trop confiant, cela ne change rien aux *faits* : je ne veux pas de *cette* vie – ni d'aucune autre vie – sans *toi.* Mais, comme pour tout ce qui concerne notre étrange lien, ce que je veux n'a guère d'importance.

Hier toute la journée, et jusqu'au soir, j'ai gardé dans mon cœur cette seule certitude, la plus profonde de toutes, savoir que je ne possède de toi rien d'autre qu'un impossible espoir. Bien que j'aie parlé de toi assez longuement à quelqu'un ce matin, rien n'avait changé depuis la veille : tu n'étais pas à mes côtés à mon réveil ; aucune lettre de toi ne m'attendait ; rien ne bougeait. D'où vient donc que je sois si frémissant ?

C'est insensé, je le sais, mais je ne veux pas être heureux si mon bonheur ne me vient pas de toi. Je ne veux pas être courageux ni me sentir en sécurité si ma force de caractère ne prend pas racine en toi. Je ne veux rien de tout cela, car ce n'est qu'une illusion, un alignement accidentel d'étoiles et d'états d'âme, un rayon de soleil provisoire et circonstanciel qui confirme en secret mes intérêts personnels invisibles et profonds. Les étoiles et les circonstances se transforment. Elles dansent sur une musique dont le rythme et la clé changent sans prévenir.

Il n'y a que toi qui sois éternelle. Il n'y a que ton amour qui dure. C'est pour cela que je ne veux pas de ma joie d'aujourd'hui. Car si tu n'en es pas la cause… ce n'est pas une vraie joie.

Que ma tristesse ne gâche pas mon affliction,
que mes appétits n'oblitèrent pas ma faim de toi.
Que mes pleurs ne tachent pas mes douces larmes,
que mes graves offrandes ne me privent pas du besoin d'être vrai.
Que seul existe mon besoin natif,
où que j'aille et quoi que je fasse,
afin que toujours je me souvienne
que la vie m'est donnée, mais que je vis pour toi.

Mon pauvre cœur
et moi sommes d'accord

En ce matin gris, des pensées atones et persistantes embrouillent mon cerveau. Inlassables, elles ressemblent davantage à un glacier qu'à l'avalanche habituelle. Elles me poussent et me tirent au milieu d'énormes blocs de doute ; elles ne m'offrent aucun abri sinon dans leur mouvement même. Elles m'emportent Dieu sait où, Dieu sait pourquoi. Voilà à quoi je ressemble quand tu n'es pas là. Et c'est pour cette raison que…

De tels matins me poussent à écrire sur toi, dans l'espoir, sans doute, de découvrir dans une pensée jusque-là inexplorée un terrain stable, un roc où me tenir au milieu du torrent, une île et la sécurité de son port, bien à l'abri de mes tourmentes.

Et puis, plus sûrement, il se peut que ces propos du cœur *te* soient adressés, que je les conçoive dans l'espoir secret de te transmettre leur message. Peut-être, connaissant mon malheur, franchirais-tu alors la distance inouïe qui nous sépare pour venir m'arracher à moi-même.

Certes, il n'est pas dit que mes invitations seront aussi efficaces que je le souhaite au moment de les formuler ! Il semblerait que de tels propos du cœur soient toujours les derniers à reconnaître leur faillibilité. Sans doute est-ce bien ainsi. Mon pauvre cœur et moi sommes d'accord : il vaut mieux t'appeler que d'amèrement me persuader que tu es inaccessible.

L'eau et la fumée

Mon désir de toi doit maintenant être en cendres, car il me semble bien ne plus rien avoir à brûler. Je n'ai aucune conscience du feu.

Pourtant, il y a de la fumée et mes yeux larmoient.

Je suis perdu. Quel est donc ce désir ? Il ne rêve pas et ne cherche rien. Il ne *fait* rien d'autre que m'engourdir à tout. À tout. *Sauf* à ce sentiment non désiré de rejet.

Au cœur de ce vieil amas de cendres que je suis devenu couvent sans doute encore quelques braises. Leur flamme ne monte pas à la surface, mais tout en moi leur obéit. Rien ne croît. Rien ne traîne en longueur. On ne discerne ni odeur ni lumière. Es-*tu* la raison d'une telle aridité, où ce pays est-il aride *en moi*, dans l'attente de *toi* ?

Je t'en prie, adresse-moi un message. *Si* aucune différence ne sépare l'un de l'autre ces deux états intérieurs ainsi que l'affirment les saints patrons de l'amour, cela m'a échappé – comme toi tu m'échappes.

Mon démantèlement

Chaque nuit, avant que le soleil m'emporte, et encore à l'aube de chaque matin ou presque, je supplie le destin de m'accorder mon plus cher désir : mettre fin au néant qui marque chacune des pages de ma vie.

Supposons que tu *viennes*.

Oui, tu habites ces parts de moi qui me sont devenues étrangères, mais c'est pour mieux les emporter avec toi, un peu comme si tu accueillais des réfugiés à bord d'un navire qui fait lentement naufrage.

Ce matin, tu es venue, et quand tu es repartie tu as emporté mon désir de toi. Non pas en l'apaisant comme tu as souvent fait par le passé. Non. Ce matin, tu me l'as volé. Tu m'as dit que je ne dois pas te désirer telle que *tu* es, que cette soif de toi qui me harcèle depuis si longtemps ne *te* concerne pas, mais *me* concerne : ton amour m'est précieux, as-tu dit, en raison de ce qu'il peut *m*'apporter.

Que répondre à cela ? Tu as raison.

Ensuite, tu m'as dit qu'un *tel* amour ne t'était pas destiné, qu'il ne le serait jamais.

Tu m'as de nouveau réduit au silence. Le rien occupait tout l'espace. Ensuite, tu es partie, et avec toi s'est en allé un autre morceau de moi.

Qu'est-ce que cet amour? Je ne peux pas me passer de toi et cela me démantèle.

Je veux me déverser en toi
sans réserve:
droit, fort, profond et lent,
indifférent au lieu où le courant
m'emporte.

Qu'il ne reste aucun registre de cet amour,
comme l'eau s'efface
dans son propre sillage.

Parle-moi. Pas d'allusions,
mais des mots clairs.
Pas de réflexions ni d'impressions,
mais la destruction de l'amour:
fais éclater le barrage.

Vous qui passez sans me voir

Il m'a semblé que tout avait commencé ce matin, mais avec le recul j'ai constaté que ce sentiment avait germé il y a plusieurs semaines déjà. En fin d'après-midi, j'avais peine à me contenir. Comme j'aurais voulu faire part de mon extase à quelqu'un, à n'importe qui ! Mais qui m'aurait compris ? En vérité, ce que j'éprouve m'étonne au plus haut point puisqu'il y a une éternité que je ne t'ai pas vue, une éternité que je n'ai pas eu de tes nouvelles.

Pourtant, depuis des semaines, tu es tout près de mon cœur d'une façon qui défie toute description. Tu es à la fois présente et distante ; familière, mais en retrait. Tu me manques sans que je désire vraiment ta présence. Je te cherche, mais comme on a envie d'un petit dessert pour clôturer un bon repas.

Voilà pourquoi la journée d'aujourd'hui est tellement extraordinaire : j'ignore où tu te trouves – et tu n'es de toute évidence pas ici – mais je sais dans mon cœur que tu es là, tout près, si près que ton être me touche.

J'ai vu parfois au cinéma des amants qui se croisent sans se voir… Aucun des deux ne perçoit la présence de l'autre, pourtant ils savent que leur amour est à proximité puisque leur cœur devine ce que leurs yeux ne voient pas. C'est ainsi que je me sens aujourd'hui, en cette minute même : comme si tu te tenais à mes côtés, tout à côté de moi, mais hors de mon champ de vision.

J'aimerais que le monde entier sache quel extraordinaire amour est le tien. Comment il peut disparaître soudain, rester absent pendant des mois ou des années, puis revenir tout aussi soudainement et combler mon cœur absent, l'assurer qu'il n'en était jamais parti et que ce vide logé entre mes côtes n'était rien d'autre qu'une illusion.

C'est ainsi

Je t'ai vue aujourd'hui. Le plus merveilleux de ces brèves visites est que tu m'y fais toujours découvrir une autre des idées fausses que je nourris *à mon sujet*.

Par exemple, en ces moments où ni toi ni mon cœur n'êtes présents, j'ai l'impression de ne rien posséder. Ce sentiment de pauvreté intérieure est si envahissant que je me moque de ne plus me soucier de *rien*, de ne jamais plus être atterré par ton absence et celle de mon cœur. Je me complais presque dans ma certitude, et puis… tu apparais.

Dans ce qui me semble être un instant d'éternité, non seulement suis-je arraché au bord du gouffre, mais je danse au-dessus du vide ! Soudain, je suis beaucoup plus que vivant, je suis la proie d'un transport qui, *encore une fois*, m'emporte par-delà l'amour – cette fois, de l'*autre* côté du gouffre. Et je me demande…

Comment est-il possible que je sois aussi impuissant *dans* ton amour que je le suis *sans* lui ? Alors, je t'entends me répondre : c'est ainsi.

Aimer, c'est être aimé

J'ai tant à faire aujourd'hui, mais je reste là à me demander où tu as emporté mon cœur et à souhaiter que tu sois là aujourd'hui comme hier.

N'est-il pas extraordinaire ce sentiment qui naît de ton seul souvenir, alors que j'ignore tout du lieu où tu te trouves ? Comment puis-je éprouver une aussi grande tendresse pour ce qui échappe à ma vue ? Pour ce que je ne peux toucher et encore moins posséder ? Et pourtant !

En ces matins où la douce lumière hivernale se glisse entre les branches nues, quand l'air est froid et immobile, je veux croire que cette émotion me suffit.

À vrai dire, de tels matins me font comprendre que l'amour naît de l'amour donné.

Je suis à ton service en tout,
je te découvre en tout.
Tout fait que je puis te connaître
et t'aimer pour tout.

Ces sables que je suis

Parfois, quand tu es avec moi – comme maintenant – je devine ce que ressent le désert sous les dernières gouttes d'une pluie de fin d'été.

Tu asperges d'eau chargée de vie des sables si arides qu'ils s'engorgent à la seule pensée de ta venue.

Et puisque le sable fait le deuil de sa propre nature, puisqu'il ne peut qu'avaler de minuscules gorgées d'eau de pluie avant que celle-ci ne lui échappe, je souhaite, tandis que tu déverses ta vie sur moi, que se forme une toute petite flaque d'eau où il me sera possible de capturer et de retenir ton amour vivifiant.

Où vas-tu quand tu t'écoules sous ces sables que je suis ? Comment le sable percera-t-il jamais les mystères de l'eau ?

Sans doute est-ce cela, l'amour.

Le message

En ce gris matin de janvier, je suis à la fenêtre et je regarde les premiers flocons de la saison se répandre doucement sur le sol tandis que flotte au milieu d'eux une pensée à demi-immobile.

Ce spectacle – je le devine – veut détourner de moi ta pensée et m'apprendre quelque chose à ton sujet. Par ses propos silencieux, il me dit que je me suis trompé dans ma relation avec toi et que, hormis ce malentendu de ma part, rien ne fait obstacle à notre amour.

Le message passe.

Réfléchis : la seule chose qui puisse nous convaincre que nous avons le droit de juger le comportement d'autrui à notre égard est notre certitude *de bien connaître* cette personne. Soudain, tout est très clair. Comment saurions-nous si savamment décider de la bienveillance – ou de la cruauté – d'un être si nous ne la mesurions pas à l'aune de nos propres conclusions ?

Il est prouvé qu'un lien imperceptible mais très réel existe entre *ce que nous croyons savoir* d'une personne et la *déception* que cette personne provoque en nous. En d'autres termes, le ressentiment que nous éprouvons est fonction de la connaissance que *nous* croyons avoir d'autrui.

Quand nous demandons à l'être aimé – ainsi que le font si souvent les amants malheureux – « Comment as-tu pu m'abandonner si longtemps ? » ou « Pourquoi ne m'as-tu pas donné de nouvelles ? », c'est que nous sommes persuadés, dans *notre* cœur, de bien *connaître* notre interlocuteur. Se peut-il qu'un tel sentiment de familiarité, cette connaissance que nous *croyons* posséder, soit à l'origine de nos attentes irréalistes *et* de notre douleur subséquente ? En l'absence de telles attentes inconscientes, qu'est-ce qui justifierait notre désillusion ?

Et puis... qu'est-ce qui me fait croire que je te *connais* ? Les faits prouvent que *tout* ce que tu as fait pour moi – ou tout ce que tu m'as donné – a suscité ma surprise. J'en ai récolté chaque fois un sentiment encore plus profond d'émerveillement et de doute quant à ta véritable personnalité. Ma seule et unique certitude en ce qui concerne ton amour est celle-ci : je persiste à mal comprendre le grand mystère qui gît au centre de ton âme.

Ainsi, telle est la vérité : oui, je *t'aime* de tout cœur, mais je *ne* te *connais pas*. Pas vraiment.

Je sais seulement qu'il n'existe aucun substitut à ton amour. Il est sans domicile fixe. Il n'est pas un lieu où *je* puis me rendre en visiteur ; sans quoi, une telle connaissance se transformerait en familiarité, et à la familiarité succéderaient l'oubli et la trahison.

Avec le recul que de telles révélations rendent possible, je vois bien que je m'étais persuadé qu'il *me fallait te connaître...* comme si par cette « connaissance » je pourrais mieux te posséder. Aujourd'hui, je sais que cette condition que je *m'imposais* a obscurci et retardé notre amour. Et je me trouve ridicule d'avoir cru, déjà, qu'il s'agissait d'autre chose.

J'aime le silence des lourdes chutes de neige… pourtant, je ne *connais* pas la neige ! J'aime les ébats printaniers des oiseaux sur le tapis de feuilles des forêts… et j'*ignore tout* de ce qu'il faut faire pour trouver des graines ou pour construire un nid !

Je croyais te connaître. Pendant ce temps, tu t'évertuais à me démontrer que je ne te connaissais pas… et qu'il n'était pas utile que je te connaisse. Ton amour est un *hôte* qu'on doit accueillir lorsqu'il arrive à l'improviste. Dans une telle relation, il n'est pas question d'accord, mais d'abandon. Alors, je m'abandonne.

Pour te trouver

J'essaie, non pas tous les matins mais certes plus souvent que je ne suis disposé à l'admettre, de me débarrasser du vide omniprésent que représente ma vie sans toi. Mais peu importe la manière dont je me vide le cœur, celui-ci ne se remplit pas et, de toute évidence, mon geste ne t'incite nullement à venir vers moi. Si bien que je me pose la question suivante : à quoi me sert de me vider de ce vide ?

Après tout, seul un imbécile s'acharne à différer l'inévitable, tel un homme qui tenterait de repousser la mer avec un balai pour l'empêcher de le submerger. À propos de noyade... il me vient une question à laquelle je n'avais encore jamais songé :

En quels termes le vide *complet* se définirait-il lui-même ? Dirait-il qu'il est *complètement vide*... ou *complètement plein* ? Et, question sans doute plus importante encore, à laquelle l'expérience seule peut apporter une réponse : existe-t-il une *réelle* différence entre les deux ?

Je crains que, pour te trouver, il me faille d'abord découvrir la solution à ce casse-tête.

Un ami dans le besoin

L'une des raisons qui me font me sentir si seul parfois est que, puisque tu n'es pas là, je n'ai personne à qui parler de mon amour pour toi. Ne dis pas que je ne suis pas raisonnable. Après tout, qui d'autre que toi peut comprendre ce que tu as fait de moi ?

Je ne le comprends pas moi-même. Je ne comprends pas cette obsession qui efface tout ; ces moments où il me semble que chaque battement de mon cœur sera le dernier si tu ne reviens pas... Et, en effet, tu ne reviens pas. Mais je survis *quand même*.

Ce ne sont là que les propos qu'un homme fatigué lance du vide vers le néant. La vraie raison pour laquelle j'aimerais avoir quelqu'un à qui parler est celle-ci : ce quelqu'un comprendrait que si certains mots enfouis au plus profond du cœur avaient leurs coudées franches, ils transformeraient de magnifiques cygnes en vilains petits canards. Ce quelqu'un m'écouterait me *taire* et néanmoins entendrait toutes mes paroles, puis il me les répéterait dans ce silence que seuls comprennent les amants... C'est ainsi que les choses se passent lorsque toi et moi sommes ensemble.

L'amour trouve qui il veut

J'ai lu un jour une phrase qui m'a frappé par l'ampleur de son message, soit qu'un amour comme le nôtre est invariablement soumis à cette loi : *l'amant ne peut rien faire de son propre chef qui puisse ramener à lui l'objet de son amour.* Quand l'amant sincère a enfin admis son impuissance, il doit oublier tout ce qu'il sait de cette vérité s'il veut retrouver le cœur qui lui manque. Je crains bien être passé maître dans l'art de ce type d'oubli !

Chaque jour, invariablement, j'espère te trouver et te faire mienne ; mais j'oublie la loi occulte qui gouverne les amants jusqu'à ce que, la plupart du temps, je ne trouve que moi-même au terme de ma quête. Et je repars aussitôt à ta recherche. Je ressemble alors à un enfant qui s'ennuie de sa mère et va se coucher dans le lit de celle-ci après son départ dans l'espoir de retrouver sa chaleur et un peu de son odeur. Il cherche l'être qui l'aime comme aucun autre au monde.

L'attrait de ma quête quotidienne de toi est plus grand que mon courage à lui résister, en dépit du fait qu'au terme de mes recherches je ne trouve presque jamais rien d'autre que moi-même, inassouvi. J'ai beau connaître la loi immuable qui gouverne tous les amants – soit que l'amour trouve qui il veut – il me semble que parfois nous parvenons à nous rencontrer ainsi. Il me semble qu'en m'efforçant de m'approcher de toi comme je le fais chaque jour j'ouvre la voie à ta présence.

Je crains en outre que, si je ne te cherche pas, mon cœur t'accompagnera à jamais là où tu es partie sans moi. Et je ne veux pas mourir sans avoir retrouvé mon cœur, même si, la plupart du temps, j'ai l'impression d'être déjà mort sans lui.

Que pourrait-on demander de plus ?

J'ignore pourquoi certains matins sont moins pénibles que d'autres. Sans doute parce que tout tombe parfaitement en place et au bon moment pour te rappeler à mon souvenir. Ce matin, par exemple.

Assis devant le feu du foyer pour combattre le froid d'une aube de fin d'hiver, je tenais ma tasse de café chaud tout contre ma poitrine comme je le fais souvent.

À travers le tissu du peignoir, la douce chaleur de la tasse me réconforte, puis elle pénètre dans mon corps et transfère sa tiédeur à mon cœur accueillant. Ce petit rituel me console car, à sa façon délicate, il m'aide à me souvenir de ce que tu représentes pour moi : la vie.

C'est idiot, n'est-ce pas, qu'un homme étreigne une tasse de café pour réchauffer son cœur en l'absence de celle qu'il aime ! Quoi qu'il en soit, tandis que je me laissais envahir par la tiédeur combinée de la tasse de café, du feu de cheminée et de l'espoir que je mets en toi, le soleil s'est levé. Ses rayons ont percé l'épais brouillard qui rampe au ras du sol en cette période de l'année. Combien est merveilleuse cette lumière qui transperce la grisaille !

On dirait, ma foi, que le soleil est d'autant plus éclatant qu'il parvient à se frayer un chemin à travers le brouillard matinal ou les nuages lourds d'un après-midi pluvieux, comme si ses rayons eux-mêmes célébraient leur conquête des ténèbres !

Il en fut ainsi ce matin. Un soleil resplendissant a déversé sa lumière dans ma maison au moment précis où la chaleur de ma tasse de café envahissait mon cœur. L'espace d'une seconde, il ne me manquait rien. Comme si tu avais été à mes côtés.

Que pourrait-on demander de plus ?

Tel est ton amour

Ton amour est tel – et je m'en suis aperçu – que dans l'espace de cinquante minutes, sans pourtant jamais avoir quitté mon cœur, tu le réintègres cinquante fois.

À chacun de ces doux renouveaux tu me donnes l'impression de n'avoir jamais connu une réunion aussi parfaite que celle de l'instant, comme si de minute en minute nous étions ensemble pour la première fois... comme si jamais auparavant n'avait existé ce moment. J'ignore comment une telle chose est possible. Mais... tel est ton amour.

Si cet amour fait de moi un sot, ou si m'illusionne l'amour que j'ai de ton amour, fais que je sois le plus grand sot de tous les temps, mais laisse-moi vivre *en amour*.

Tu es la mélodie inédite,
ces ornements du chant de la vie que nul ne connaît
tant que tu ne les fredonnes pas aux oreilles de l'âme.
Ainsi naît une musique qui fait de chaque mesure
une mesure jamais entendue.
Chant et contre-chant se répondent si bien
que l'un et l'autre se confondent.
Les variations se succèdent, s'entremêlent, se pénètrent,
et se fondent les unes aux autres.
Chaque phrase musicale fait naître
un chant nouveau
qui, à son tour, donne le jour
à celui qui t'écoute.

Souvenance

Certains jours, souvent, simplement retenir ta pensée est au-dessus de mes forces. S'il est un peu consolant de pouvoir tout au moins me souvenir de toi, quand je parviens à garder en moi ton image mon cœur souffre moins de ton absence.

Si je suis inapte à te retenir en moi, ce n'est pas faute de le vouloir. Oui, je *veux* être avec toi même si, en ces temps difficiles, je ne possède de toi rien d'autre que ton souvenir. Si bien que le sentiment d'impuissance que j'éprouve quand je ne parviens pas à me souvenir de toi m'est très pénible. Quand tu n'es pas là, je ne veux pas être ce moi dont la présence m'accable. C'est du moins ce que j'ai toujours cru. Jusqu'à tout récemment. Maintenant, j'y vois une contradiction : une vérité qui me concerne et qu'il m'est difficile d'expliquer.

Lorsqu'il m'arrive de me rappeler que je t'ai oubliée – *toi, dont je veux me souvenir par-dessus tout* –, au lieu de m'abandonner à la certitude du renouveau que provoquera en moi le retour de ta pensée, je me laisse séduire par l'ampleur de mon manque de profondeur. Au lieu de tendre vers *ta* présence, je me surprends à accueillir mon *moi*, à m'apitoyer avec lui sur son inconstance, à pleurer avec lui sur sa propre noirceur qui est le prix qu'il doit payer pour ton amour.

La clé de ce mystère a beau s'être révélée d'elle-même, je suis contraint de me poser la question suivante : qui est l'objet *réel* de mon amour ? Cette question suffit à me rappeler une vérité ancienne et presque oubliée : on ne saurait aimer *deux* êtres.

Ainsi, en dépit des apparences – si aisément préservées ! – une seule conclusion est possible : mon moi n'aime que mon moi. Il n'aime que le plaisir familier de son propre être. *Cet* amour est *le sien*. Cette évidence est plus éloquente que les doutes que mon moi invoque pour sa défense. Pourtant… En dépit de la morosité de cette découverte, celle-ci renferme tout de même une lumière vive et prometteuse qui confirme aussi l'une des plus grandes et des plus anciennes révélations sur la nature du véritable amour.

Car, en dépit des interrogations que cette ombre soulève, je t'aime indiscutablement. Ou, mieux dit – compte tenu de cette nouvelle révélation , il ne fait aucun doute que j'ai conscience de *ton amour en moi*. En réalité, ce nouvel amour que je croyais mien *t'appartient*… et c'est ce qui le rend d'autant plus précieux.

Je comprends mieux que jamais que ton amour représente mon seul espoir d'échapper au cercle vicieux du petit amour que j'éprouve envers moi-même. Par conséquent, je prends la ferme résolution de m'efforcer de me souvenir de deux choses : la *première*, c'est *toi*.

La seconde chose dont je me souviendrai quand je serai parvenu à me souvenir de toi est celle-ci : il faut à tout prix que *je m'oublie moi-même*.

Laisse-moi courir avec toi

Parfois, quand tu arrives en coup de vent, j'ai l'impression d'être debout au bord d'une rivière qui enfle en moi : tu es cette vague qui me submerge.

Tout donné à ces instants, je voudrais néanmoins que les eaux m'emportent. Je veux m'offrir au raz-de-marée, m'y jeter, mais je ne trouve pas de falaise où plonger.

Dans ces moments-là, je suis comme le sol aride sous l'orage, quand des torrents de pluie dévalent les rigoles creusées dans la terre assoiffée. *Et je veux courir avec toi.* Où que tu ailles, je veux courir avec toi… Car le débordement de mon âme ne me suffit pas !

Si les pluies torrentielles de l'été peuvent arracher les pierres de la montagne et les jeter dans l'eau du lac, il m'est sûrement possible de me joindre à toi dans ta course.

Cette cache de sanité,
cette voûte d'amour,
ce trésor de bonté
sont pleins à craquer.

N'éprouves-tu pas un lourd besoin
de n'être que lumière ?

Les parois de ton cœur
ne meurent-elles pas de l'envie
d'éclater et d'ouvrir
les vannes de leur liberté ?

Tu possèdes d'infinies richesses,
mais tu as égaré la carte de tes amonts,
ce lieu de tes débordements.

Oublie le monde et ses ruisseaux intermittents
dont les eaux coulent et puis s'arrêtent.
Recherche l'océan,
reste dans ses courants
jusqu'à ce que les vagues emportent
les rivages de ton âme.

Le vent et le lac de montagne

Que puis-je faire d'autre ? Je sais que, *sans toi*, mes gestes sont plus élo-quents que mes mots quand tu es *dans mes alentours*, mais c'est la vérité. Je ne veux rien exiger de toi, pas la plus petite chose. Je n'ai pas voix au chapitre dans les petits détails de ta vie !

Mais t'espérer, te vouloir près de moi, c'est tout naturel… Car lors-que tu t'approches enfin, quand tu es avec moi, *tous* ces petits détails sont avec moi aussi.

Il me semble les retenir tous avec délicatesse comme un lac de montagne retient l'image de la montagne sans effort ni trépidation. Être avec toi... je ne veux rien de plus. Il ne manque rien au paysage... tant et si bien qu'on ne peut rien ajouter à ces moments intemporels, et que, tel un reflet, rien en moi ne veut agir. S'il arrive qu'encore plus de ce rien me submerge – comme c'est parfois le cas – ce terrible, ce terrifiant ennemi tombe à genoux devant *toi*, satisfait d'être ce qu'il est. Tout cela n'a de sens que si tu es ici.

Après tout... Que peut le vent contre la permanence d'une montagne et de son lac ?

Je sais maintenant que nous ne faisons qu'un...
et voici que je pousse
tel un sarment sur sa vigne pérenne.

Toi, éternelle ; moi, passager...
mais la tristesse n'afflige pas notre printemps,
sa marque n'est pas indélébile.

Et quand prend fin la saison brève,
quand tombent les sarments,
tu ne connais pas la peur.
Car qu'est-ce qu'un sarment... sinon la vigne même ?

Rassembler et disperser

Je suis toujours étonné de ta force et de la joie que me procure ma faiblesse, cette faiblesse qui m'empêche de faire plus que t'accueillir entièrement. Qu'est-ce que ce pouvoir ? Saurai-je jamais le comprendre ?

Es-tu une rassembleuse ?

Quand tu es là, regroupes-tu toutes ces parties de moi qui s'égaillaient ici et là à ta recherche ? Parviens-tu à les réunir en un seul lieu où elles sont enfin en paix de savoir qu'elles n'ont plus rien à espérer sinon ta douce étreinte ?

Ta force réside-t-elle dans la dispersion ?

As-tu le pouvoir de tout dissoudre ? De démembrer mes pensées même les plus tenaces et de les renvoyer à leur néant originel… afin que moi aussi je disparaisse… sauf quand ta volonté retient doucement un moi qui m'est inconnu au cœur d'un noyau inconnu ? En ce lieu inconnaissable et pur, je suis et, à la fois, je ne suis pas, et je me moque de savoir laquelle de ces propositions est la bonne !

Tel est *ton* pouvoir: il absorbe tout et ne concentre rien. Il disperse tout, sans rien laisser se perdre. Voilà la vérité: de rien, l'amour seul fait tout… de tout, l'amour seul fait rien. L'amour seul. Toi seule.

Lentement, je tourne

Lorsque tu viens vers moi, je ne te demande rien. Je suis disponible, c'est tout. Les mots sont inutiles. Chaque chose est à sa place. Tout est justifié.

Mais quand tu repars… je suis un port vidé de ses navires ; un nid vidé de ses oiseaux. Une tasse qui sait ce que signifie être vide, mais qui ne peut se remplir sinon par un flot de questions qui se déversent là où il y a un moment tu fus.

Qu'es-tu donc ? Comment tes pas peuvent-ils traverser mon cœur, et puis s'en éloigner et n'y laisser jamais que l'empreinte d'une promesse future ?

Comment ta main qui frôle imperceptiblement mon âme peut-elle l'émouvoir à ce point ?

Comment peux-tu me parler de tout ce qui importe sans jamais prononcer une parole ? Tu viens de l'obscurité pour y retourner aussitôt, sans prévenir, et ne subsiste qu'une impression de lumière naissante en ces lieux où t'ont portée tes pas. Qu'es-tu donc ?

Il est facile d'imaginer qu'il y a très, très longtemps, bien avant que les hommes et les femmes aient su que la terre tourne autour du soleil, ils se blottissaient, tremblants, les uns contre les autres à la fin du jour et se demandaient: « Où donc s'est enfuie la lumière ? Qu'avons-nous fait pour que nous quitte la chaleur ? Reviendra-t-elle ? »

On devine que ces nuits primitives ont dû terrifier nos ancêtres : si la lumière de leur vie décidait de ne pas revenir ?

Tout cela est bien ridicule aujourd'hui… Après tout, le soleil ne quitte jamais le ciel ; il attend seulement que le ciel se retourne pour faire face à la lumière.

Je suis amoureux
de ce qui commence,
amoureux
de ce qu'a fait l'amour.

Je suis amoureux
du soleil vivant.
L'amour nous est donné
dans son éclat parfait.

Vouloir que tu me connaisses

Reste avec moi un moment seulement… laisse-moi t'accueillir telle que tu te donnes et non pas telle que je te voudrais.

Ici, maintenant, auprès de toi, je sais que ton amour est infini et que je me refuse ton extase en cherchant seulement à te posséder, en m'agrippant à mon incompréhension de toi-même quand je sais que t'appeler par ton nom suffit à te chasser. Ton amour est impossible à connaître, même s'il a gravé ses lois dans mon cœur.

En m'efforçant de te comprendre, je ne voulais pas mieux t'aimer – comme je me suis efforcé d'y croire –, mais j'espérais avoir le dessus, te posséder comme un homme capture et domestique un animal sauvage par des délicatesses feintes dans le but de trouver dans cette domination un soulagement à ses tourments.

J'ai eu tort. Non pas envers toi, mais envers moi. J'ai enfin compris une chose : ton amour surnaturel est incompréhensible. Cette admission trouble mon cerveau humain, mais en toute justice, même ce bouleversement me procure un peu de ta paisible présence.

L'une des raisons qui pousse un esprit à *connaître* l'objet qui le retient est qu'il croit s'approprier ce qu'il parvient à connaître *ainsi*. Il devrait être clair maintenant que rien d'autre ne *te* possède, sinon ta nature inconnaissable.

Il n'y a pas de doute – bien que je persiste à me tromper. Ton amour est impossible à connaître – voilà la grande leçon. Je devrais souhaiter que tu ne connaisses de moi que ces seuls instants où je m'abandonne.

Cette âme que l'amour libère veut amorcer sa descente
et transpercer doucement les tissus et les voiles
jusqu'à son propre effilochement.

Et là.... défaite, attendre innocemment
que la transportent des marées sans âge
en ce lieu où sa soif de fusion infinie
s'apaisera enfin.

Un seul cœur

Je sais que je t'ai aimée à chaque seconde de ma vie. Et je l'ai toujours su, même si je ne le comprends que depuis peu.

Toute chose possède un centre, quelle que soit sa nature.

Je ne parle pas forcément d'un centre physique, mais de ce vrai centre, le noyau essentiel de toute chose créée, sa cause fondamentale. Une simple observation corrobore cette assertion.

Lorsque, comme ce matin, j'observe le paysage qui m'entoure et que je vois les grands sapins si fermement ancrés au flanc de la montagne et les oiseaux chanteurs et souvent querelleurs du printemps, je vois moins ces formes que je ne sens leur présence. Mon cœur, dont la vision est plus aiguë, appréhende leur présence… car il sait que tout ce qu'il perçoit ne possède qu'un seul cœur.

Ce cœur unique, primordial, comprend aussi le mien : celui-ci, loin de se sentir diminué par cette découverte, s'en valorise – puisqu'elle lui révèle que l'amour est le noyau même de cet unique cœur. Sans âge, lui-même dépourvu de centre, un tel amour n'est ni ici ni là, ni maintenant, ni plus tard. Il est partout où un cœur existe et qui sait être au centre de lui-même.

Toucher un tel amour, c'est aimer depuis toujours, puisque cet amour englobe l'amour passé, présent et futur. Ce toucher me donne à comprendre que je t'ai toujours aimée.

Et que je t'aimerai toujours.

Viens, laisse-moi te respirer.
T'inhaler. Puis t'exhaler
jusqu'à ce que tu veuilles être inhalée encore.

Laisse-moi te rappeler cette vie que je suis
et cette vie que tu pourrais être.

Laisse mes soupirs muets inciter ton âme
à me respirer profondément.
Tu sauras que ma respiration est la tienne.
Tu n'oublieras pas que ta vie est l'air que je respire.

Viens, laisse-moi te respirer moi-même :
nous serons notre respiration respirante.

À chaque battement du cœur

En cet après-midi du tard printemps, tandis que j'observe le soleil qui recule sur les champs reverdis, il me semble t'aimer autant pour ce que je sais de toi que pour ce qu'il me reste à découvrir. Oui. J'en suis sûr.

La seule chose qui soit plus belle encore que cet amour naissant est le secret qu'il ne m'a pas encore révélé.

Même sans contrepartie (comme c'est si souvent le cas), l'amour est glorieux. Il gonfle le cœur comme l'air ravive les poumons. Mais cet amour qui est nôtre n'a aucun besoin d'exhaler pour se régénérer. Plus doux encore de persister longtemps, il est cet air que l'on respire et que l'on garde en soi, avec tous ses parfums de fleurs, toujours entier.

Tel est ton amour. Et je t'en remercie à chaque battement de mon cœur, plein, comme maintenant, de ton parfum.

J'ai tant rêvé de ton parfum
que je n'ose pas troubler l'air
qui m'entoure,
car voici que glisse sur moi
ton doux silence omniprésent.

Comme il te plaira

En cette matinée de fin d'été, tandis que je me promenais en pensant à toi – comme il m'arrive si souvent de faire – il m'est venu que, lorsque tu m'apparais, je ne me demande jamais d'*où* tu arrives. Et je ne te demande pas davantage pourquoi tu as choisi de me rendre visite à cet instant précis.

Pourtant… chaque fois que tu repars… je ne cesse de te demander pourquoi tu t'en es allée et je me morfonds de savoir où tu t'es enfuie !

Pourquoi ta terrible disparition est-elle plus mystérieuse pour moi que ton apparition soudaine et tant espérée ?

Pourquoi le départ de quelqu'un est-il toujours plus lourd de conséquences que son arrivée, surtout lorsqu'on ignore tout de son origine ou de sa destination ?

Pourtant, le vent va et vient comme ça lui plaît.

Sinon, serait-il le vent ?

La véritable illusion

D'abord, il dit: «La plénitude de la vie, voilà l'illusion», car son vide l'occupe si entièrement.

Ensuite, il dit: «Non, le vide de la vie, voilà l'illusion», car il reçoit toute sa plénitude.

Il va et vient, va encore et revient, de la plénitude au vide et du vide à la plénitude... Jusqu'à ce qu'un jour il comprenne:

La *véritable* illusion, c'est le verre.

Noces

Par cette douleur
je te donne la vie
et je te prends pour épouse.

Dernière leçon : laisse l'amour te conduire auprès de lui

Quelques mots de l'auteur en guise d'encouragement

L'amour existe. Il n'est jamais absent, bien qu'on perçoive rarement sa présence nourricière, tout comme on respire sans s'en rendre compte cet air qui est pour nous un don de vie.

Sans amour, rien n'existe. L'amour est au cœur de toute chose. Ce ne sont pas de vains mots, mais l'amorce d'une invitation qui remonte aux tout débuts du monde. À quoi sommes-nous conviés ? À *savoir* que nous faisons déjà partie de l'éternelle vie de l'amour… dès lors que nous assimilons ses enseignements.

L'amour ne connaît que ceux qu'*il* choisit, et nul ne peut découvrir ses trésors sans qu'*il* décide de les lui révéler. Bien qu'on ne puisse jamais, en dépit de tous nos efforts, obliger l'amour à combler un être de sa grâce, l'amour a une faiblesse secrète : il rêve d'être aimé, *il rêve d'être courtisé* ! Cette caractéristique particulière est la raison pour laquelle la vie elle-même – que seul unifie l'amour – se rend disponible à ceux qui n'hésitent pas à apprendre ses leçons pour l'amour de l'amour. Alors, l'amour hisse l'être jusqu'aux sommets de sa vie éternelle.

Un peu d'amour existe au fond de l'âme de chacun de nous, cela est sûr, bien que bon nombre d'individus, à notre époque, nous donnent la preuve du contraire. Si invisible soit l'amour chez une personne de notre connaissance, ou, plus justement, si faible soit sa lueur *en nous*, l'amour *est* présent.

L'amour est cet appétit intérieur latent qui nous pousse à *savoir* ce que nous désirons connaître. L'amour sait que nous en viendrons à connaître ce dont nous n'hésitons pas à nous approcher, du moment que nous y mettons du temps et de l'attention. Là réside sa magie : lorsque nous osons nous approcher de ce que notre cœur désire, un étonnant mariage a lieu.

Nous sommes transformés. Nous ne faisons qu'*un* avec ce qui, jusque-là, n'était que la source d'un désir inconnu.

Cette idée n'est pas si étrange. Le principe secret de l'amour est le suivant : seul l'amour peut nous permettre de découvrir *notre moi véritable* dans l'objet aimé, cette moitié toujours manquante de notre cœur.

L'amour est merveilleux, car il est *déjà* présent en toute chose : rien de ce que nous avons envie de connaître par amour ne nous refusera – *en récompense de ce périple* – le don d'un lien encore plus ferme avec l'amour. Voici où je veux en venir :

Pour recevoir de l'amour, il nous faut en donner. Nous devons donc nous rendre auprès de lui avant même qu'il consente à se révéler. C'est ainsi que l'amour souhaite que lui fassent la cour ceux qui aspirent à le posséder. Certes, cette réalité est mystérieuse... mais qui n'est pas séduit par le mystère ?

En termes plus pragmatiques, voici quelques conseils pour vous aider dans votre apprentissage du cœur.

Premièrement : aimez *quelque chose*.

Faites quelque chose de l'amour que vous ressentez.

Trouvez quelque chose que *vous* aimez et faites en sorte que cette chose vous appartienne.

Vous n'aimez rien d'un amour particulier ? Peu importe. Oubliez l'amour pour l'instant et posez-vous la question suivante : « Qu'est-ce qui m'attire ? Qu'est-ce qui m'intéresse ? »

Les impressions que vous retirerez de cette brève enquête sont les élans magnétiques du cœur secret, le pouls de l'amour enfoui en vous sous de multiples couches, voire des vies entières d'errance. Voilà pourquoi je vous suggère d'accorder une grande attention aux directives suivantes.

Si quelque chose vous attire mais que vous êtes incapable de vous en approcher, car vous appréhendez la défaite, sachez ceci : quoi que vous ayez envie *de connaître* – qu'il s'agisse de maîtriser une aptitude nouvelle, de jardiner, de parfaire une technique artistique, d'aider les autres, de concevoir des vêtements ou des voitures, ou d'entreprendre un voyage intérieur vers l'amour lui-même – l'important est de *démarrer* !

Vous l'ignorez, mais ce choix que vous faites, c'est l'amour qui vous appelle à lui, c'est l'amour qui vous pousse vers ce qui vous intéresse. Comprenez-vous ce que vous dit cette vérité ? Réfléchissez :

L'amour ne se fait pas défaut, il *ne le peut pas*.

Le soleil tombera du ciel avant que l'amour échoue à illuminer vos jeunes efforts, et votre première récompense sera de savoir que vous vous dirigez vers la naissance d'une nouvelle vie.

Oubliez ce que pensent les autres de votre désir d'embrasser vos aspirations secrètes. Ne vous préoccupez pas de leur froideur devant votre nouvelle détermination. N'hésitez pas à rompre avec ceux dont la vie piétine, ceux qui vous invitent à faire avec eux du sur-place. Élancez-vous plutôt au service de l'amour. Lentement mais sûrement, vous seul recevrez ce que nous recherchons tous depuis la nuit des temps.

Ne doutez pas, pour quelque raison que ce soit, de votre aptitude à démarrer en lion. Faites votre point de départ de l'endroit où vous êtes et de ce que vous possédez, même si cela signifie que votre premier pas sera si minuscule que personne ne saura deviner que vous avez entre pris ce voyage. Dès lors que vous répondez à l'appel de votre cœur, tout départ a la même valeur qu'un départ dont le dénouement heureux *est déjà contenu dans l'élan initial.*

Ne vous inquiétez pas si vous croyez manquer de temps – ou d'énergie – pour prendre votre envol parce que vous retiennent vos interminables responsabilités familiales et sociales. Renoncez à ces idées fausses et destructrices. Écoutez plutôt cette promesse de l'amour à tous ceux qui osent s'approcher de lui suffisamment pour l'entendre murmurer son secret :

Inventez le temps qu'il vous faut et vous verrez que *l'énergie indispensable à votre réussite* suivra.

L'amour donne sa force à l'univers tout entier. Croyez-vous que, si vous lui en demandiez un peu, il vous la refuserait ? Mais non ! Il vous en donnera !

Inventez un peu de temps. *Consacrez* quelques instants à votre voyage. Même si vous ne pouvez lui accorder que deux minutes de votre journée, utilisez ces deux minutes pour centrer toute votre attention sur ce que vous aimez. En retour, l'objet de votre amour vous aimera en vous donnant un peu de lui-même.

Persistez jusqu'à ce que vous sachiez que vous n'avez pas choisi cet amour par vous-même, mais que l'amour vous a choisi (vous ne le saurez que *si* vous allez au bout de cette aventure). Lorsque vous comprendrez enfin qu'il en a toujours été ainsi, il en sera ainsi *pour vous*, à jamais, jusqu'à la fin des temps.

Comment pouvez-vous savoir que je dis vrai?

L'amour vous en fait la promesse.

Jamais la fin

« Dieu se cache dans l'objet aimé. »
JACOB BOEHME

« Il n'y a rien de tel qu'une œuvre d'art immortelle. Il n'y a qu'un seul art, le plus grand de tous, l'art de faire de soi un être humain total. »
GURDJIEFF

« Celui qui ignore Dieu ignore l'Amour,
car Dieu est Amour. »
JEAN

Guy Finley
Life of Learning Foundation
P.O. Box 10-S
Merlin, OR 97532
USA
(541) 476-1200

Table des matières